ENRICO BERNARDO

LE VIN TOUT SIMPLEMENT

Choisir, servir et déguster
sans complexe avec
le meilleur sommelier du monde

TABLE DES MATIÈRES

INTRODUCTION

Quand on leur pose la question de savoir quelle est la meilleure manière de déguster leurs whiskies, les Écossais répondent invariablement : « Buvez-le comme vous l'aimez... du moment que c'est du scotch ! ». Et ils ont parfaitement raison : la dégustation est d'abord un plaisir, et nul ne peut s'arroger le droit d'en codifier péremptoirement les usages.

Cependant, force est de reconnaître que, par méconnaissance de vérités élémentaires (l'importance de la température par exemple) ou par manque d'attention suffisante portée à l'instant (les arômes changeants qui montent du verre...), on peut très facilement passer à côté de plaisirs infiniment plus raffinés, et donc infiniment plus complets. Quand il s'agit d'un vin prestigieux et délicieux, il y a là une sorte de sacrilège. Surtout, il y aura ensuite presque toujours un remords. Parce que, confronté à une relative indifférence, celui qui offrait si généreusement de partager son flacon ne recommencera pas de sitôt.

On aurait tort de croire que la dégustation du vin est chose compliquée : il suffit d'être attentif à ses papilles et à son palais. Car de deux choses l'une : soit on aime ce vin qui est dans le verre, soit on ne l'aime pas. Dans le second cas, on passe directement à un autre. Dans le premier au contraire, on a très vite envie d'en savoir davantage. Sur ce vin-là d'abord. Puis sur le vin en général. Et on entre alors dans une quête de savoir qui n'en finit jamais, on collectionne les détails et les anecdotes sur le vignoble, sur le millésime, sur l'homme qui a maîtrisé la vigne...

Car sans l'homme, le vin ne serait que vinaigre. Il a fallu des siècles et des siècles de savoir-faire patiemment construit, et des générations de vignerons s'usant à la tâche sans jamais succomber au découragement, pour inventer peu à peu l'équilibre d'un Pétrus à Pomerol, d'un Château d'Yquem en Sauternes, ou d'un Domaine de la Romanée-Conti en Bourgogne. Cela mérite bien qu'on y regarde d'un peu plus près...

LE SERVICE DU VIN

Au restaurant, lorsque le sommelier vient présenter sa carte, il a déjà accompli les trois quarts de sa tâche : il a choisi les verres adéquats et vérifié leur propreté rigoureuse, étudié les propositions qu'il fera en fonction du marché du chef et porté à température de service dans la « cave de jour » une sélection de bouteilles, carafé les vins des commandes passées à l'avance. Chez vous, soyez votre propre sommelier pour mettre en valeur les fleurons de votre cave et les talents de la cuisinière.

QUELS VINS ?
QUELLES CIRCONSTANCES ?
QUELS ÉVÉNEMENTS ?

S'il est vrai que le vin ne s'accommode que du partage, on ne partage pas n'importe quoi, n'importe où, avec n'importe qui. Quand on reçoit des invités, c'est leur plaisir qui compte d'abord. Or, à moins d'avoir affaire à des amis proches dont on connaît parfaitement les préférences et les aversions, on ne prend jamais le risque de servir des abats ou des fruits de mer, mets que tout un chacun peut adorer autant que détester.

LA PERSONNALITÉ DES CONVIVES

Au moment de lancer les invitations, on évite généralement de faire cohabiter un général en retraite avec un musicien punk, ou une « vraie blonde » avec une chercheuse du CNRS. On s'efforce au contraire de concevoir un plan de table capable de favoriser les conversations sans jamais laisser à l'écart tel ou tel convive, voire même de permettre à chacun de briller à son tour. C'est de cette attention portée aux autres que pourra naître indifféremment une soirée parfaitement réussie, ou au contraire un dîner résolument sinistre.

Pour le choix des vins, c'est exactement la même chose : on raisonne évidemment à partir du menu envisagé, des réserves en cave ou du budget que l'on s'est fixé, mais la décision finale sera forcément tempérée par le profil des invités, en essayant évidemment de créer un consensus.

À des gourmands voués à un certain classicisme et peu disposés à le remettre en cause, on servira évidemment un bourgogne blanc sur les coquilles Saint-Jacques, un bordeaux rouge sur le gigot d'agneau, et ils seront très probablement ravis, surtout si les vins sont bien choisis et la maîtresse de maison élève appliquée de Ginette Mathiot. En revanche, face à un couple d'artistes passionnés de découvertes, on n'hésitera pas à remplacer le premier par un savennières de Loire, et le second par un cabernet sauvignon de Toscane. Et si on veut délibérément jouer l'audace originale, on ira vers un chardonnay du Jura et un malbec de Cahors. Évidemment, ce ne sera plus tout à fait le même repas...

L'ACCORD AVEC LE PLAT

C'est la deuxième étape. Depuis des années, je travaille sur les accords et désaccords des mets et des vins, et cette somme d'expériences m'a permis de mettre en évidence un certain nombre de constantes. Ainsi, à une préparation dominée par le piquant ou le salé, il faudra opposer un vin tout en rondeur ; à une autre un peu grasse, il faudra opposer un vin plein de vivacité ; et face à une troisième caractérisée par son onctuosité, on proposera des tanins, donc des vins rouges.

À ce stade, le mets lui-même compte bien moins que la recette choisie pour le préparer comme on le verra plus loin. Entre un poisson grillé et un autre au beurre blanc, les différences gustatives sont telles qu'elles influenceront directement le choix de la bouteille : toujours du blanc certes, mais de Bordeaux pour le premier et de Bourgogne pour le second.

Les légumes d'accompagnement ne joueront que les seconds rôles, sauf s'ils ont des saveurs très marquées (le goût anisé du fenouil par exemple). En revanche les épices et les herbes aromatiques, si elles ne sont pas utilisées avec beaucoup de mesure, pourront avoir des effets dominants sur le plat, et être donc parasites vis-à-vis du vin.

L'INFLUENCE DE LA SAISON

Il ne s'agit pas seulement ici de la saisonnalité des mets – principe élémentaire de la gastronomie – mais bien de l'environnement immédiat : on ne se régale pas des mêmes mets ni des mêmes vins selon qu'on a skié toute la journée à Courchevel ou qu'on déjeune sur une plage de Cannes entre deux projections du Festival. Dans le premier cas, on recherchera probablement des vins charnus, structurés, un peu complexes, assez riches en alcool : meursault de Bourgogne ou côte-rôtie de la vallée du Rhône.

Dans le second cas au contraire, on préférera des vins jeunes, fruités, avec beaucoup de fraîcheur et de simplicité désaltérante : chinon de Loire ou rosé de Provence.

Le principe demeure pour les déjeuners campagnards à l'ombre d'un figuier ou d'un olivier centenaire, ou le pique-nique dans le cockpit d'un voilier verni se balançant à l'ancre dans quelque calanque. Dans tous les cas, on privilégiera évidemment les envies de chaque personne afin de préserver le plaisir de chacun.

LES CIRCONSTANCES

Là encore, on ne recherche pas les mêmes choses au même moment. Le plat du jour avalé rapidement à la terrasse d'une brasserie ? Un verre de vin donnant un plaisir immédiat sera très certainement le mieux adapté. En revanche, un déjeuner d'affaires dans un petit salon du même établissement appellera des vins plus complexes et plus prestigieux, surtout s'il faut honorer l'interlocuteur.

Un tête-à-tête romantique s'épanouira avec des vins légers, fruités, tout de charme et de fraîcheur. S'imposent ici tout naturellement un beaujolais de Saint-Amour, et surtout du champagne (cuvée Amour de Deutz évidemment).

Pour une réunion de famille (mariage, baptême, communion...), le prix des bouteilles sera certainement un argument déterminant pour le choix final. Mais il en est un autre plus important encore : la teneur en alcool des vins. On sait que, réchauffement climatique oblige, ce taux a tendance à augmenter régulièrement depuis une dizaine d'années : certains vins du sud flirtent désormais avec les 15°. Cela ne nuit en rien à leurs charmes organoleptiques, mais doit conduire à redoubler de modération.

Jouer entre amis

- Déguster le même vin dans des verres de formes différentes : nul besoin d'être un expert pour constater les différences.
- Déguster un même vin dans des verres noirs : il s'agit de trouver la couleur (rouge, blanc ou rosé), la région de production (par exemple Bordeaux, Bourgogne, Côtes du Rhône...), l'appellation (médoc, graves ou saint-émilion...) et ainsi de donner des réponses de plus en plus précises. La bouteille n'est dévoilée que lorsque le dernier joueur déclare forfait.

LE VIN À TABLE

Qu'on le veuille ou non, le vin est indissociable de la table. Non pas qu'on ne puisse se régaler d'un grand plat étoilé en buvant de l'eau de source, ni qu'on n'arrive à déguster un grand cru classé sans l'escorter de truffes ou de poularde, mais les uns et les autres vont si bien ensemble qu'il serait bien dommage de ne pas les marier.

Deux solutions s'offrent alors : soit on détermine d'abord le menu et on choisit ensuite les vins qui lui correspondront le mieux ; soit au contraire on commence par sélectionner les bouteilles qu'on veut partager, et on essaie ensuite de trouver les mets qui favoriseront les épousailles. L'idéal étant que chacun mette l'autre en valeur sans que jamais l'un l'emporte sur l'autre. C'est un exercice passionnant, auquel je me livre depuis des années, ce qui m'a permis de déterminer certaines constantes, lesquelles ne correspondent pas toujours à ces sentences populaires souvent beaucoup trop simples.

Ainsi du fameux « Vin rouge sur une viande rouge, vin blanc sur une viande blanche et sur le poisson », sans doute fondé à une époque où chacun avait à cœur de consommer les vins et les mets de sa propre région, mais complètement désuet à l'époque des jets, d'Internet, et des vacances à l'autre bout du monde. Par exemple, un thon basquaise s'accommodera parfaitement d'un rosé de Provence, une blanquette de veau d'un rouge de Marsannay, et un rôti de porc d'un rouge de Saint-Émilion. De la même façon, l'adage célèbre « Blanc sur rouge rien ne bouge, rouge sur blanc tout fout le camp », demeure énigmatique tant qu'on le relie à la notion de nausée, mais devient parfaitement clair si on songe à l'équilibre du repas : à de très rares exceptions près (liquoreux, vin doux naturel), un vin blanc venant après un vin rouge jettera à bas la patiente et progressive construction de l'équilibre tout au long du repas.

À ce stade, je veux quand même rappeler un point essentiel : seul compte le plaisir de chacun (du moins tant qu'il n'oublie pas la modération). Si vous aimez déguster un vieux sauternes avec du cassoulet, vous avez certainement raison puisque vous vous régalez ainsi. Mais j'ai alors envie de vous dire qu'en agissant de la sorte, vous passez à côté d'émotions bien plus complètes, bien plus raffinées, que vous apporteraient séparément le vin et l'assiette accompagnés différemment.

QUANTITÉS À PRÉVOIR

C'est un peu la quadrature du cercle, sachant que rien n'est plus détestable que d'avoir prévu trop juste, dans les verres comme dans les assiettes.

À l'apéritif, éviter les alcools forts qui anesthésient les papilles, ou ceux aux saveurs trop prégnantes (anis, gentiane...) qui les dénaturent. Éviter aussi les vins moelleux ou mutés (type porto), et préférez-leur des vins blancs secs (champagne, sauvignon, muscat sec) qui prépareront bien mieux la bouche aux saveurs du repas.

On comptera alors une bouteille de champagne pour quatre convives (soit deux verres pour chacun) ou une bouteille de vin blanc pour trois.

Au cours du repas, une bouteille pour deux convives en moyenne, cette quantité étant extrêmement fluctuante selon les habitudes des convives, leurs capacités physiques (beaucoup moins pour un mannequin, beaucoup plus pour un demi de mêlée...), et leurs habitudes quotidiennes.

UN VIN OU PLUSIEURS VINS ?

L'une des contre-vérités les plus répandues prétend qu'une succession de vins différents au cours d'un même repas complique la digestion. Rien n'est plus faux : c'est la quantité de vin ingérée qui peut produire cet effet, pas sa variété. Une expérience très simple suffit à le prouver : dans un restaurant proposant des vins au verre (ils sont de plus en plus nombreux), commencez par une salade de crevettes avec un verre de blanc, et poursuivez avec un verre de rouge sur une belle entrecôte. Vous n'aurez bu que deux verres bien adaptés aux plats servis, et votre concentration demeurera intacte jusqu'au soir. Évidemment, si vous avez commencé par un scotch et conclu par un vieux rhum...

Cependant, certains invités peuvent tenir à ce principe de vin unique. La fausse bonne idée consisterait alors à choisir un rosé : le compromis serait uniquement psychologique. Il est une solution bien plus simple et bien plus élégante : choisir d'abord le vin, et ensuite seulement bâtir un menu qui l'épousera du début à la fin.

Ainsi à ceux qui aiment le blanc on proposera par exemple une salade niçoise suivie d'un loup grillé ; et pour ceux qui préfèrent le rouge, ce sera jambon persillé et entrecôte, ou terrine de foie gras et cassoulet.

À savoir : les vins rouges adorent le salé, mais détestent le sucré, et ils ne s'accommodent que de quelques rares fromages : saint-nectaire, reblochon, et tomme de brebis.

LE SECRET D'UN ACCORD : L'ÉQUILIBRE

De la même manière qu'un arc-boutant crée l'équilibre d'une voûte par la poussée qu'il exerce contre elle, le vin et le plat vont s'équilibrer en s'opposant : à un plat un peu gras, on opposera un vin un peu acide, à un vin très minéral on opposera un plat assez iodé, et dans chacun des cas, l'un soutiendra l'autre. À l'inverse, l'équilibre peut naître d'une association : un vin liquoreux, même s'il peut trouver des accords très divers, s'accommodera plutôt bien d'un dessert sucré.

On l'aura compris, la préparation choisie – grillade, marinade, braisage, fumaison – comptera au moins autant que le mets lui-même. Ainsi, on ne servira pas le même vin sur un poulet rôti ou sur une poule au pot, sur un poisson grillé ou sur un poisson au court-bouillon : à l'amertume d'un plat, on cherchera à opposer un vin tout en rondeur, à l'onctuosité d'un autre un vin riche en tanins. Quant aux légumes d'accompagnement, choisis pour mettre en valeur le mets principal, ils ne joueront qu'un rôle mineur dans la partition. En revanche, sauces et épices peuvent être envahissantes et même dominantes : le curry par exemple, doit être utilisé avec beaucoup de parcimonie, sous peine de prendre rapidement le dessus. Dans ce cas-là, c'est lui qui deviendra le vrai partenaire du vin.

Tangy nougatine with pineapple sorbet
and fresh coconut cream
Winter 2004

Il faut aussi savoir remettre en cause les idées toutes faites et ne pas craindre l'audace : quand je préconise de marier une pizza margarita avec du champagne, ce n'est point par plaisir de la provocation, mais parce que je suis convaincu qu'il faut réveiller sa douceur avec les bulles d'un vin effervescent : avec une pizza aux fruits de mer, mon choix eut certainement été différent. Quand on me dit que l'œuf coque ne s'accorde qu'à l'eau minérale, je vais chercher une manzanilla andalouse et je prouve le contraire. Et quand on m'explique doctement que l'asperge ou l'artichaut sont carrément allergiques au vin, je réponds en débouchant pour la première un blanc de Provence ou du Roussillon, et pour le second un beaujolais-villages. En évitant évidemment de tremper les pointes de l'asperge ou les feuilles de l'artichaut dans une vinaigrette...

S'il existe ainsi un certain nombre d'interdits absurdes, bien des préconisations péremptoires ne le sont pas moins. Ainsi du champagne rosé avec une tarte aux fruits rouges : c'est peut-être charmant à l'œil, mais en bouche le charme n'opère plus du tout. Ainsi également du vin rouge avec le camembert, devenu un symbole caricatural du français moyen : c'est une aberration gustative, les tanins du vin détestant les arômes lactés du fromage ; un cidre bien choisi fera bien mieux l'affaire. À y bien regarder d'ailleurs, seuls trois fromages – le saint-nectaire, le reblochon et la tomme de brebis – échappent vraiment à cet interdit : tous les autres s'épanouissent avec un vin blanc.

TABLEAU DES ACCORDS

PLATS	VINS
Acidité, amertume, piquant, salé	APPELLE Rondeur et/ou sucres résiduels
Gras	APPELLE Acidité
Onctuosité	APPELLE Tanins
Tendance douce	APPELLE Effervescence et/ou acidité
Iode	APPELLE Minéralité
Sucre	APPELLE Sucré
Texture (mâche)	APPELLE Alcool
Herbes aromatiques, épices	APPELLE Bouquet
Intensité, persistance	APPELLE Intensité, persistance

LA PRÉPARATION D'UNE BOUTEILLE

Avant même la mise en place de la table, il importe de s'occuper des vins. En règle générale, on débouchera les bouteilles deux heures à l'avance, et on déposera le bouchon à côté afin que le vin s'oxygène peu à peu. Bien entendu, on goûtera dès ce moment-là afin de débusquer éventuellement une bouteille bouchonnée, ce qui est toujours possible.

Carafer ou pas ? La question peut se poser dans deux cas :

- le vin est jeune, voire très jeune : le passage dans une carafe à la base très large et très évasée va lui permettre de s'oxygéner, donc de s'épanouir et même d'exulter. Là aussi il faut carafer deux heures à l'avance et sans boucher le flacon ;

- le vin est très vieux : le but recherché est ici de le décanter afin de laisser les dépôts – parfaitement normaux ! – au fond de la bouteille. On procédera donc très lentement afin d'interrompre le transvasement au bon moment, lorsque les premières particules solides se rapprocheront du goulot. Si dans le cas précédent on cherchait à aérer le vin, cette fois en revanche le contact brutal avec l'oxygène va se révéler, pour un cru un peu ancien, extrêmement agressif. On choisira donc une carafe étroite afin de limiter au maximum la surface d'échange entre l'air et le vin, on procédera à l'opération le plus tard possible et le plus doucement possible, et on coiffera évidemment la carafe de son bouchon.

MISE EN PLACE DE LA TABLE

On ne perdra jamais de vue que l'eau et le vin, qui cohabitent à table, ne s'abordent pas de la même façon : la première désaltère, rince la bouche, lave les papilles ; le second se déguste, s'observe, s'écoute, et pour finir s'étudie à partir de connaissances patiemment acquises. Voilà pourquoi il faudra toujours un verre à eau à côté des verres à vin : l'un et l'autre tiennent des rôles radicalement différents.

Si le vin, on l'a vu, devra être porté à température exacte pour être mis en valeur, les verres devront bénéficier des mêmes précautions. Or sur une terrasse provençale au coucher du soleil, au mois de juillet ou au mois d'août, il n'est pas rare que le thermomètre atteigne 30°. Dans de telles circonstances, on rafraîchira donc les verres au même titre que les bouteilles (pourquoi pas ensemble ?), et on ne les mettra en place qu'au tout dernier moment sous peine de massacrer un grand rouge de Bandol.

Faut-il changer les verres quand on change de bouteille ? S'il s'agit du même vin, certainement pas ; au contraire, un verre déjà « aviné » favorisera la dégustation. Bien entendu le nouveau flacon a précédemment été goûté afin de vérifier qu'il n'est pas bouchonné. S'il s'agit d'un nouveau cru, on peut se contenter de rincer le verre avec un peu d'eau qu'on fait tourner... et qu'on boit.

DÉBOUCHAGE

Pour ce qui est du tire-bouchon, le plus important, c'est sa mèche : elle doit être fine, de section circulaire, éventuellement revêtue d'un agent lubrifiant (téflon), dotée d'une pointe acérée, et surtout assez longue pour s'enfoncer sur (presque) toute la longueur du bouchon. L'effort nécessaire au débouchage est extrêmement variable selon la taille du bouchon, le fait que celui-ci est collé ou pas aux parois du goulot, l'âge et la qualité du liège (mal abordé, il peut se disloquer d'un seul coup).

Enfin, et enfin seulement, on se préoccupera de l'aspect de l'objet. Chef-d'œuvre du design ou de l'artisanat local, on lui demande d'abord d'être fonctionnel avant d'être décoratif.

Certains modèles adoptent le principe de la vis sans fin : très efficaces car démultipliant bien l'effort, ils ont le défaut de percer systématiquement le bouchon, ce qui peut entraîner quelques particules de liège dans le vin.

Pour ma part, j'utilise le très classique « limonadier », qui permet à la fois de régler la longueur du perçage et de doser l'effort à accomplir, la seule précaution indispensable étant de bien centrer la mèche au moment de percer.

LA TEMPÉRATURE DE SERVICE

Le maintien de la température idéale est l'une des phases les plus importantes de la préparation. À notre époque en effet, même au cœur de l'hiver, la température moyenne des habitations est environ de 20° : c'est 4° de trop pour faire attendre une bouteille de vin rouge débouchée. Selon les saisons, un balcon, un rebord de fenêtre, voire un seau d'eau rafraîchie, faciliteront grandement l'opération.

Mieux vaut servir un vin trop frais : il se réchauffera progressivement dans le verre jusqu'à atteindre la température ambiante. À l'inverse, s'il est servi trop chaud, il sera impossible de le refroidir rapidement sans le massacrer.

TEMPÉRATURES DE SERVICE

Sachant que le vin va gagner dans le verre 2° en dix minutes, il doit être versé idéalement aux températures suivantes:

- Champagne brut sans année : 6 à 8°
- Champagne blanc de blancs : 6 à 8°
- Champagne rosé : 6 à 8°
- Champagne blanc millésimé : 8 à 10°
- Champagne rosé millésimé : 8 à 10°
- Champagne cuvée prestige blanc : 8 à 10°
- Champagne cuvée prestige rosé : 8 à 10°
- Très vieux champagne (par exemple Krug Collection) : 10 à 12°

- Vin blanc simple, sec et jeune : 6 à 8°. Par exemple sauvignon de Touraine, sancerre, bellet, chablis, collioure, sylvaner d'Alsace, muscadet de Sèvre et Maine, entre-deux-mers, saint-véran, mâcon, etc.
- Vin blanc rond, gourmand et mature (âgé de 5 ans au moins) : 8 à 10°. Par exemple puligny-montrachet, chassagne-montrachet, meursault, condrieu, chablis 1er cru, riesling d'Alsace grand cru, pouilly-fumé, graves, bandol, patrimonio, saint-joseph, saint-péray, pic saint-loup, coteaux-du-Languedoc, etc.
- Vin blanc complexe et mature : 10 à 12°. Par exemple montrachet, bâtard-montrachet, chevalier-montrachet, corton-charlemagne, chablis grand cru, hermitage, grands crus de Bordeaux, champagnes du Mesnil-sur-Oger et d'Ambonnay, arbois, savennières, vouvrays de la Loire.

- Vin rosé : 8° à 10°.

- Vin de dessert : 12° à 14°. Par exemple les vendanges tardives d'Alsace, les sauternes, coteaux-du-Layon, vins de paille, etc.

- Vin de style oxydatif : 12° à 14°. Par exemple vin jaune, château-chalon, xérès amontillado, marsala, etc.

- Vin muté à l'alcool : 14° à 16°. Par exemple porto, rivesaltes, rasteau, banyuls, beaumes-de-venise, maury, etc.

- Vin rouge léger : 14° à 16°. Par exemple beaujolais nouveau, gamay de Loire, jeune pinot noir, dolcetto d'Alba, etc.

- Vin rouge : 16° à 18°.

À SAVOIR

Le chambrage des vins

On recommande souvent de chambrer les vins rouges. Qu'est-ce que cela signifie ? Jusqu'à la moitié du XXe siècle, seules les chambres étaient chauffées, le plus souvent par une cheminée individuelle dont l'âtre s'éteignait doucement au cours de la nuit. Ainsi parvenait-on à conserver dans la pièce une température de 14 à 15° tandis que celle de la cave dépassait rarement 10°, voire un peu moins au cœur de l'hiver. Quelques heures avant le déjeuner dominical, on remontait donc dans la chambre les bouteilles destinées au repas afin de les amener au plus près de la température idéale de service.

LES VERRES

Quoi qu'il y paraisse, il n'y a pas plus complexe qu'un verre à dégustation. Car il ne sert pas seulement à boire le vin : il est conçu pour souligner ses caractères principaux, mettre en valeur ses qualités et favoriser leur perception, sans dissimuler ses défauts.

Il sera toujours en verre blanc, sans dessin ni gravure, afin de laisser apprécier sa teinte et ses reflets ; et il sera toujours doté d'un pied par lequel on pourra le saisir sans risquer de réchauffer le vin. Il sera de bonnes dimensions et bien équilibré pour faciliter la rotation du vin au moment de son oxygénation, avec une paroi aussi mince que possible mais pas forcément faite de cristal coûteux. La forme ballon conviendra bien à des vins souples, ronds, fruités ; plus hauts et plus étroits, ils mettront en valeur des vins plus tanniques ; tulipés, ils rendront plus extravagants les arômes de vins âgés.

La plupart des grands maîtres-verriers (Spiegelau, Master's Glass, Schott Zwiesel, Cristalleries d'Arques...) ont développé des collections complètes et complexes dont chaque élément correspond à un genre, à un style et même à un cru précis. Ainsi, les verres conçus par l'autrichien Georg Riedel sont dessinés de telle sorte que la première lampée arrivera directement sur la zone réceptrice de la langue correspondant au caractère dominant du vin (sucré, salé, acide, amer). C'est un luxe qui a son prix, mais force est de reconnaître que la méthode est parfaitement efficace. Et pour qui se régale surtout de bordeaux rouges ou de bourgognes blancs, de vins d'Alsace ou de Provence, et donc n'est pas tenu de proposer tous les modèles de toutes les régions, l'investissement vaut certainement la peine.

À l'inverse, la dégustation étant aussi une démarche fondée sur la curiosité sans a priori, il pourra être judicieux de choisir un seul verre de forme polyvalente, et de s'y tenir afin de comparer tous les vins dans les mêmes conditions. Selon qu'on habite Bordeaux, Strasbourg ou Dijon, selon qu'on reçoit une fois par semaine, une fois par mois ou une fois par an, selon qu'à chaque fois il y a autour de la table quatre, six ou huit convives, les besoins sont différents. On peut quand même considérer qu'avec douze flûtes à champagne (les coupes, même de famille, sont à bannir définitivement), douze verres à vin blanc (les plus petits), douze verres à vin rouge (les plus grands) et douze gobelets à eau (éventuellement de couleur), on peut faire face à la plupart des situations courantes.

LAVAGE, STOCKAGE

On ne confondra pas les lave-verres qui équipent les professionnels – et qui sont conçus pour ce seul usage – et le lave-vaisselle domestique dans lequel les résidus des plats et des assiettes sont autant de projectiles bombardés à grande vitesse. On n'utilisera donc cet appareil que dans des cas extrêmes, et toujours en ne plaçant alors dans le panier... que des verres.

Bien mieux vaut laver ceux-ci à la main, à l'eau très chaude et sans détergent, puis les essuyer aussitôt avec un torchon neutre (cette opération est bien plus facile et efficace lorsqu'ils sont encore chauds).

Pour le stockage, deux solutions : soit le pied posé normalement sur une étagère dans une armoire fermée, soit la tête en bas, accroché à un râtelier placé à l'air libre. Dans tous les cas, on vérifiera soigneusement qu'il n'y ait pas d'odeur parasite dans le verre avant de le poser sur la table. Il suffirait alors de procéder à un nouveau lavage.

L'ORDONNANCEMENT DES VINS

Si on décide d'offrir à ses convives une belle dégustation, alors il faut observer quelques règles simples qui contribueront à enchanter la soirée. La logique veut qu'on aille du vin le plus léger au vin le plus puissant sans jamais revenir en arrière. Voici l'ordre dans lequel devront être successivement proposés les différents vins.

1. Les vins effervescents (champagnes, mousseux, crémants) : les bulles favorisent la perception de l'acidité et de la minéralité. On a ainsi une impression de légèreté qui réveille les papilles et les met en condition.
2. Les vins blancs secs : d'abord ceux qui ont été élevés en cuve, en premier ceux de cépages aromatiques (muscat, sauvignon, rolle provençal ou vermentino corse), en second ceux de caractère minéral (riesling, chardonnay). Ensuite ceux qui ont gagné dans le bois un nez complexe et une bouche ronde (blancs de Bourgogne et de Bordeaux, chenin de Loire, viognier de la vallée du Rhône).
3. Les rouges de cuve : d'abord les pinots noirs et les gamays, puis les cabernets (franc ou sauvignon) et les malbecs, enfin les syrahs et les grenaches.
4. Les rouges qui ont été élevés en fûts de chêne : dans le même ordre de défilement des cépages.
5. Les blancs moelleux : des demi-secs aux liquoreux.
6. Les rouges moelleux : des « vendange tardive » aux VDN (vins doux naturels).
7. Les vins « oxydatifs » : vieillis au moins 20 ans en fûts de chêne : madères, marsalas, portos « colheita ».

L'ORDONNANCEMENT DES DIGESTIFS

De la même façon qu'il y a un ordre idéal pour la présentation des vins, les eaux-de-vie obéissent à un protocole précis à l'instant de leur défilé. Non qu'il soit recommandé de les enchaîner l'une après l'autre, bien au contraire, mais en revanche il s'agit de rester toujours dans la même progression de puissance sans jamais revenir en arrière.

On commencera donc par les eaux-de-vie de fruits dites « blanches », qui n'ont pas été élevées dans le bois, en choisissant d'abord celles tirées des fruits les plus aromatiques (poire, framboise, mirabelle), puis celles issues de baies sauvages ou d'épices.

Viendront ensuite les eaux-de-vie de fruits dites « brunes », ainsi nommées parce que teintées par les fûts de chêne dans lesquels elles ont séjourné plus ou moins longtemps : c'est le cas des vieilles prunes et des marcs.

Alors seulement on abordera le chapitre des eaux-de-vie patiemment élevées dans le bois, parfois pendant plusieurs dizaines d'années. Quelle que soit son origine, on ira toujours de la plus jeune vers la plus âgée. À âge égal, 15 ans par exemple, l'ordre sera le suivant : eaux-de-vie de cidre (calvados), de céréales (scotches, irish whiskies, bourbons...), de vin (cognacs, armagnacs), et enfin de canne à sucre (rhums).

CONSERVER UNE BOUTEILLE ENTAMÉE

Il existe nombre de systèmes qui prétendent préserver une bouteille entamée, de la pompe à vide associée à des bouchons à soupape qui élimine une bonne partie de l'air contenu dans la bouteille, jusqu'à un système complexe de mise sous azote (gaz inerte) clairement destiné aux professionnels. Si leur efficacité est généralement bien réelle, on ne saurait cependant s'en remettre à eux pour conserver une bouteille de vin plusieurs semaines ou plusieurs mois.

On peut cependant souligner certaines constantes : plus le vin contient d'alcool et de sucre, plus longtemps il résistera aux attaques de l'oxygène. De la même façon, une bouteille à peine entamée se conservera beaucoup mieux qu'une autre presque vide puisqu'elle contiendra beaucoup moins d'air. Enfin, même si elle est hermétiquement rebouchée, la bouteille sera toujours rangée debout afin de diminuer au maximum la surface d'échange avec l'air.

ECHANTILLON
2010

On peut donc tirer un certain nombre de constats sur la durée de conservation :

- rouges : en règle générale, ils ne se conservent pas plus de deux jours. Les très grands vins rouges, mais aussi les blancs et les moelleux, ainsi que ceux de longues gardes résisteront un jour de plus. Ceux qui se défendront le mieux : les vins jeunes, tanniques ou riches de fraîcheur ;
- blancs secs et rosés : 3 à 5 jours maximum ;
- champagnes : l'effervescence disparaît en 24 heures, même avec un bouchon spécialement adapté. Les arômes et les saveurs perdent alors beaucoup de leur intensité ;
- blancs moelleux : 4 à 10 jours ;
- vin jaune, château-chalon, xérès sec : une semaine à 10 jours ;
- vieux madères (40 à 50 ans) : ils gagnent à l'aération et se bonifient trois mois durant sans craindre une oxydation excessive ;
- portos millésimés (« vintages »), rubys et blancs : 1 semaine ;
- portos tawnies et colheitas (qui vieillissent plus longtemps en fûts) : 1 mois.

Le problème est identique pour les eaux-de-vie, même si leur teneur en alcool les rend moins vulnérables. Voilà pourquoi on renoncera systématiquement aux grands contenants : un magnum de grand cognac, c'est magnifique dans le bar d'un palace où il sera vidé dans la semaine, mais dramatique pour l'eau-de-vie qui va s'éventer durant plusieurs années chez un particulier.

Deux moyens pour limiter les dégâts : soit transvaser l'eau-de-vie dans un flacon plus petit, avec le risque d'un choc brutal lors du passage à l'air libre ; soit emplir la bouteille de billes de verre soigneusement nettoyées afin de faire remonter le niveau jusqu'au goulot et ainsi de limiter la surface d'échange avec l'air.

Plus le vin est grand, moins il est fragile.

Pourquoi le maître de maison doit-il se servir en premier ?

D'abord pour goûter le vin et s'assurer que la bouteille non seulement n'est pas défectueuse (goût de bouchon, réduction ou oxydation excessive...), mais correspond bien au rêve entrevu, du moins s'il ne l'a pas fait au moment de la préparation des bouteilles.

Surtout, un geste énergique et bien tourné permettra d'évacuer du premier trait toutes les particules de liège qui pourraient demeurer si le bouchon a été malencontreusement percé. Bien entendu, cette précaution devient superfétatoire (et même un peu ridicule...) si la bouteille était équipée d'un bouchon à vis ou si elle a été carafée.

CONSTITUER SA CAVE

Même les meilleurs sommeliers commettent des erreurs : trop de vins achetés dans un millésime décevant, et pas assez dans un autre méconnu, trop de bouteilles qui auraient dû être ouvertes depuis longtemps, une température et une humidité fluctuantes... Surtout, le vin est à la fois une formidable invitation au voyage et l'aventure d'une vie : on élève ses vins dans la cave comme on élève des enfants, prudemment, attentivement, intensément. Et cela peut durer un quart de siècle...

LA CAVE

L'un des plaisirs les plus secrets du vin commence avec la cave : la commande des bouteilles, leur réception et leur rangement, le contrôle pointilleux de leur évolution, les longues hésitations au moment de choisir celles qui enchanteront ses hôtes, tout cela fait de la patience un plaisir supplémentaire qui semble comme l'antichambre de la dégustation.

Or contrairement à ce qu'on pense généralement, n'importe qui – ou presque – peut s'offrir une cave. Si elle n'est pas faite de pierres de taille, de voûtes romanes et de terre battue (dans les grandes villes, elles ont souvent cédé la place à des parkings), elle aura la forme et l'aspect d'un réfrigérateur plus ou moins volumineux : c'est ce qu'on appelle une cave d'appartement (de 12 à plus de 200 bouteilles, de 150 € à plus de 2 000 €). Ou encore, s'il s'agit de prévoir la cave dès la construction d'une maison nouvelle, elle pourra s'organiser sur les parois d'un puits creusé plus ou moins profondément et pourvu d'un escalier hélicoïdal (système Hélicave Harnois).

Mais avant toute dépense de construction ou d'aménagement, il est indispensable de définir ses besoins, ses rêves… et ses moyens. La démarche envisagée consiste-t-elle à élever patiemment des années durant des bouteilles acquises au bon moment pour être dégustées à leur apogée, ainsi que le faisaient les générations précédentes ? Ou bien au contraire s'agit-il de conserver dans les meilleures conditions la réserve d'une année de consommation, puisque désormais on sait élaborer des vins destinés à être bus jeunes, pour leur fruité et leur fraîcheur ? Est-on un amateur éclairé de grands crus classés, attentif au millésime, ou bien au contraire un simple épicurien attaché surtout à la sincérité d'un vin charmeur, voire un peu enjôleur ? Achète-t-on en primeurs, dans les foires aux vins, ou encore chez le vigneron pendant les vacances ? Des caisses de 12, des cartons de 6, ou à l'unité et au jour le jour chez un caviste bien choisi ?

Les réponses préalables à ces différentes questions sont indispensables. Car elles vont déterminer le choix de la cave future : cave de vieillissement ou cave de conservation.

136

CAVE DE VIEILLISSEMENT

C'est celle d'un amateur passionné qui gère sa cave à long terme, guette les opportunités, et sait attendre son plaisir pour le partager avec d'autres connaisseurs. Le but du vieillissement est simple : il s'agit d'atteindre un équilibre aussi parfait que possible entre l'alcool d'une part, et d'autre part les tanins (pour les rouges) ou l'acidité (pour les blancs). Cette évolution, étroitement liée aux caractéristiques du millésime, n'est pas infinie, et rares sont les vins qui se bonifient encore après 40 ans : quelques très grands bordeaux rouges, et quelques blancs liquoreux ou moelleux (Sauternes, Vouvray), certains rieslings (Alsace), quelques montrachets (Bourgogne), les vins jaunes (Jura) et d'exceptionnels champagnes millésimés.

Certains ont la chance de disposer d'une cave souterraine quasiment idéale, à domicile ou dans une résidence secondaire pas trop éloignée : pierres de taille, voûtes romanes, sol de terre battue, aération continue, température à peu près constante... Si tel n'est pas le cas, on ne désespérera pas pour autant : une simple pièce du sous-sol, choisie de préférence côté nord pour limiter les variations de température, pourra parfaitement faire l'affaire, surtout si on recouvre de graviers le sol bétonné, et si on installe un petit climatiseur réglé à 13°.

À défaut, on choisira une simple armoire, mais une armoire un peu spéciale : une cave d'appartement, conçue et équipée pour cet usage. Extérieurement, les plus simples revêtent l'aspect d'un réfrigérateur plus ou moins volumineux selon leur capacité, souvent de formes et de teinte sobres. Au sommet de la gamme, les plus coûteuses se présentent quasiment comme des meubles de style, et ne craignent pas de s'exposer dans la salle à manger au vu et au su de tous. Je déconseille radicalement les modèles dotés de plages de températures différenciées : la complexité des technologies alors mises en jeu accroît sérieusement la fragilité de l'appareil, sans que l'avantage apporté soit vraiment convaincant.

La bonne composition d'une cave de vieillissement :

- 10 à 15 % de vins à déguster dans plus de 10 ans ;
- 35 à 40 % de vins à boire avant 5 ans ;
- 50 % de vins à consommer dans les 2 ans.

CAVE DE CONSERVATION

Le but ici n'est pas de faire vieillir les vins, mais de stocker la consommation d'une année. Là encore, une cave d'appartement remplira parfaitement son office, mais on peut tout aussi bien improviser, sachant qu'il s'agit surtout d'éviter la lumière, les vibrations et les variations trop brutales d'humidité et de température. En effet, la rotation des bouteilles étant assez rapide, celles-ci n'auront pas vraiment le temps de souffrir d'une cave imparfaite.

C'est la température qui constituera le principal souci : si on ne peut la maintenir au chiffre idéal de 13°, on veillera à ce qu'elle ne dépasse jamais 18°, et qu'elle ne descende jamais au-dessous de 4°. Une bonne solution consiste à récupérer un vieux réfrigérateur et à le régler à 10° pour y enfermer les blancs et les rosés. Si nécessaire, les rouges les rejoindront : il suffira de les sortir un peu à l'avance pour qu'ils soient à bonne température au moment du service, tandis que la démarche inverse n'est pas possible.

Sont à boire dans l'année :

- tous les vins « nouveaux » ;
- la plupart des vins rosés ;
- les moscato d'Asti.

Les champagnes non millésimés n'entrent pas dans la cave, mais filent directement au réfrigérateur : c'est un achat de précaution pour faire face à une occasion impromptue, pas un achat d'investissement.

L'AMÉNAGEMENT DE LA CAVE

Les murs et le sol

- si possible, on choisira une pièce du sous-sol exposée au nord : ne recevant jamais le soleil, elle conservera plus facilement la fraîcheur ;
- température idéale : 13°, maximale 18°, minimale 4°. Il importe surtout d'éviter les écarts brutaux et répétés : la proximité d'une chaudière est fortement déconseillée. À savoir : plus la température est basse plus le vin évolue lentement, plus elle est élevée plus il évolue rapidement ;
- hygrométrie : 70 à 80%. Une humidité insuffisante altère les bouchons qui perdent alors de leur souplesse. À l'inverse, une humidité excessive dégrade rapidement les étiquettes, mais peut aussi induire des goûts de moisi ; dans ce cas, on veillera à ménager sur deux murs opposés une aération haute et une aération basse dont l'action conjuguée induira un courant d'air bénéfique. Pour réguler l'humidité, un sol de terre battue ou de gravier sera arrosé une fois par mois ; si le sol est carrelé ou en béton, on pourra disposer une grande bassine remplie d'eau dont l'évaporation progressive sera suffisante (on renouvellera évidemment cette eau régulièrement, sans se contenter d'en compléter le niveau, afin d'éviter les odeurs parasites) ;
- absence de vibrations : la proximité immédiate d'une galerie de métro, d'une avenue très fréquentée ou d'une route nationale doit faire recourir à une cave d'appartement, toujours pourvue d'amortisseurs adaptés ;
- absence de bruit : si votre aîné répète régulièrement au sous-sol avec son groupe de rock, buvez de l'eau… ou déménagez la cave. À cause des vibrations ? Personne n'en sait rien, mais une chose est sûre : si la musique adore le vin, le vin n'aime pas la musique. Et un simple téléviseur ou une chaîne hi-fi au volume un peu élevé suffisent à troubler son repos ;
- absence d'odeurs parasites : cuve à mazout, buanderie, fromages en cours d'affinage, charcuteries en cours de séchage sont à bannir absolument. En revanche, la proximité de bois de chauffage (sec et donc peu odoriférant) n'est pas vraiment gênante ;
- absence de lumière : la baladeuse d'atelier est idéale par sa mobilité, mais une ampoule trop forte provoquera une véritable agression pour le vin ; on veillera donc à en mesurer la puissance. De la même façon, on occultera les différentes arrivées de lumière, fenestron, soupirail…, dont l'action prolongée serait également néfaste.

NOMACORC
92284

LE RANGEMENT

- Casiers métalliques : ils sont faciles à fixer au mur et à garder propres, mais en revanche s'avèrent peu pratiques pour accueillir des bouteilles aux formes rebondies (côtes-du-rhône, champagnes...) ou allongées (alsaces, côtes-de-provence...). Et il est de toute façon impossible d'y ranger des magnums.

- Casiers en bois : on dispose le long du mur des étagères soit horizontales et verticales, soit croisées à 45°, de manière à former des casiers carrés de 50 x 50 cm (contenance 36 bouteilles). On pourra ensuite diviser cette alvéole avec une étagère horizontale intermédiaire. Si la cave compte beaucoup de bouteilles mais peu de références différentes (donc des formes identiques), on pourra envisager des casiers plus grands.

- Les caisses elles-mêmes : il s'agit de fabriquer des rayonnages pratiques et peu coûteux avec les caisses dans lesquelles le vin a voyagé et qui seront empilées les unes sur les autres. Pour cela on retire une paroi latérale dans la plus grande longueur, on vide évidemment la caisse qu'on pose au sol et on la fixe au mur à l'aide de 2 vis. Une deuxième caisse ouverte et vidée de la même façon est alors placée très exactement sur la première, et fixée à elle par deux clous fins qui vont la maintenir en place (l'épaisseur de la planchette retirée doit suffire à accueillir ce clou). Une troisième est placée sur la deuxième, et ainsi de suite en prenant soin d'en fixer au mur une sur deux ou trois. Ne reste plus alors qu'à garnir ces rayonnages d'un nouveau genre : de 12 bouteilles pour les bordeaux jusqu'à 16 pour les bourgognes et les alsaces.

- Le rangement tête-bêche de bouteilles aux formes identiques, outre qu'il permet de gagner de la place, aide à conforter la solidité de l'échafaudage. Le classement sera établi par durée de vieillissement et dates prévisibles de consommation : au fond ou en bas des rayonnages, on placera les flacons destinés à attendre, devant ceux qui sont à boire en premier. Ensuite seulement on raisonnera en fonction de la région d'origine, puis de la couleur.

- Dans tous les cas, on tiendra méticuleusement un livre de cave indiquant très précisément l'emplacement de la bouteille, ses caractéristiques (AOC, producteur, millésime...), la date et le prix d'achat, le fournisseur éventuel, les plats et les convives avec lesquels elle a été dégustée, les impressions, etc. Un simple cahier peut faire l'affaire, mais un ordinateur, qui permet d'effacer ou de rajouter à volonté, trouvera là sa pleine efficacité.

TAILLES DES BOUTEILLES

À Bordeaux
FILLETTE : 0,375 L.
BOUTEILLE : 0,75 L.
MAGNUM : 1,5 L. (2 bouteilles)
MARIE-JEANNE : 2,25 L. (3 bouteilles)
DOUBLE MAGNUM : 3 L. (4 bouteilles)
JÉROBOAM : 4,5 L. (6 bouteilles)
IMPÉRIALE : 6 L.(8 bouteilles)

En Beaujolais
POT : 0,5 L.

En Jura
CLAVELIN : 0,62 L.

En Champagne
QUART DE BOUTEILLE : 0,2 L.
DEMIE : 0,375 L.
BOUTEILLE : 0,75 L.
MAGNUM : 1,5 L. (2 bouteilles)
JÉROBOAM : 3 L. (4 bouteilles)
RÉHOBOAM : 4,5 L. (6 bouteilles)
MATHUSALEM : 6 L. (8 bouteilles)
SALMANAZAR : 9 L. (12 bouteilles)
BALTHAZAR : 12 L. (16 bouteilles)
NABUCHODONOSOR : 15 L. (20 bouteilles)
PRIMAT : 27 L. (36 bouteilles)
MELCHISEDECH : 30 L. (40 bouteilles)

CARNET D'ADRESSES

Les spécialistes :
Hélicave Harnois : www.helicave.com
Eurocave : www.eurocave.fr
Climadiff : www.climadiff.com
Transtherm : www.transtherm.com
La Sommelière : www.lasommeliere.com
Les généralistes :
Bosch : www.bosch-home.fr
Siemens : www.siemens-home.fr
Whirlpool : www.whirlpool.fr
Liebherr : wwww.liebherr-electromenager.fr

LIRE UNE ÉTIQUETTE

Pour faciliter l'approche du consommateur, la Communauté européenne a classé les vins en différentes catégories selon leur niveau de qualité, et a édicté pour chacune d'elles des règles précises d'étiquetage, avec des mentions obligatoires ou facultatives selon les cas.

Première mention obligatoire évidemment, celle de la catégorie : AOC (appellation d'origine contrôlée), AOVDQS (appellation d'origine vin délimité de qualité supérieure), Vin de Pays (on en compte à peu près 150, dont les trois quarts sont produits en Languedoc-Roussillon), et Vin de Table.

Seuls les vins d'AOC nous intéressent ici évidemment. Les mentions obligatoires sont alors les suivantes, soit sur l'étiquette, soit sur la contre-étiquette (de plus en plus répandue) : teneur en alcool, contenance de la bouteille, message de précaution à l'égard des femmes enceintes, présence éventuelle de sulfites (l'ajout de soufre, évidemment en quantités raisonnables, favorise la conservation du vin), nom de l'embouteilleur, numéro d'identification du lot, et enfin pays d'origine.

GRAND VIN
DE
ATEAU LATOU
REMIER GRAND CRU CLASSÉ

CHÂTEAU AUSONE
SAINT-ÉMILION
1er GRAND CRU CLASSÉ "A"
2006
FAMILLE VAUTHIER
Propriétaire

Pour ma part, au moment du choix, je me fie principalement à trois éléments. D'abord le nom du producteur. Évidemment j'ai la chance d'en connaître beaucoup, et particulièrement les meilleurs d'entre eux dans chaque région, mais il y a une autre raison qui m'a toujours fait agir de la sorte : en signant son vin, c'est sa réputation que risque le vigneron, exactement comme le fait un grand chef étoilé du fond de sa cuisine. Quel que soit le vignoble, modeste ou prestigieux, c'est ce nom qui indique ce à quoi on doit s'attendre. D'où l'importance de se renseigner méticuleusement avant de se décider. Il y a pour cela des guides, des revues spécialisées, et aujourd'hui des sites Internet si riches qu'il devient parfois difficile de trier entre sites d'information et sites marchands.

Ce que je regarde ensuite, c'est l'appellation. Mais là encore, cela va du plus large au plus précis, par exemple de « Bourgogne » à « Gevrey-Chambertin Premier Cru ». Les terroirs sont ainsi hiérarchisés. Encore faut-il définir ce qu'est un terroir : il est fait du sol et du sous-sol (géologie), du climat (régimes des vents et des pluies), et des traditions culturales locales (souvent consacrées ensuite par le décret attribuant l'AOC, notamment pour les cépages autorisés). L'appellation, c'est l'habit, et on sait que l'habit ne fait pas le moine. Le vrai talent, celui qui va transformer le jus du raisin en un grand vin, c'est celui du vigneron : il peut soit sublimer son terroir, soit le trahir. La rencontre d'un virtuose et d'un grand terroir donne souvent un résultat magique. Si de surcroît on a affaire à un grand millésime, c'est un feu d'artifice.

LISTE DES PRINCIPALES AOC DE FRANCE ET DE LEURS CÉPAGES DOMINANTS

En Champagne

CHAMPAGNE BRUT : pinot noir, pinot meunier, chardonnay
CHAMPAGNE BLANC DE BLANCS : chardonnay
CHAMPAGNE BLANC DE NOIRS : pinot meunier et pinot noir
CHAMPAGNE ROSÉ : chardonnay, pinot noir, pinot meunier

En vallée de la Loire

SANCERRE BLANC : sauvignon
POUILLY-FUMÉ : sauvignon
MENETOU-SALON : sauvignon
MUSCADET-SÈVRE-ET-MAINE : muscadet
SAVENNIÈRES : chenin
VOUVRAY : chenin
MONTLOUIS-SUR-LOIRE : chenin
CHINON : cabernet franc
SAUMUR-CHAMPIGNY : cabernet franc
BOURGUEIL : cabernet franc
SAINT-NICOLAS-DE-BOURGUEIL : cabernet franc
SANCERRE ROUGE : pinot noir
COTEAUX-DU-LAYON : chenin
BONNEZEAUX : chenin
COTEAUX-DE-l'AUBANCE : chenin
QUARTS-DE-CHAUME : chenin

En Alsace

RIESLING d'ALSACE : riesling
MUSCAT d'ALSACE : muscat
SYLVANER d'ALSACE : sylvaner
GEWURZTRAMINER d'ALSACE : gewurztraminer
PINOT BLANC d'ALSACE : pinot blanc
PINOT GRIS d'ALSACE : pinot gris

Blancs de Bourgogne

SAINT-AUBIN : chardonnay
AUXEY-DURESSES : chardonnay
PERNAND-VERGELESSES : chardonnay
BEAUNE : chardonnay
SAVIGNY-LÈS-BEAUNE : chardonnay
MONTHÉLIE : chardonnay
ALOXE-CORTON : chardonnay
PULIGNY-MONTRACHET : chardonnay
CHASSAGNE-MONTRACHET : chardonnay
MEURSAULT : chardonnay
MONTRACHET : chardonnay
CORTON-CHARLEMAGNE : chardonnay
SAINT-ROMAIN : chardonnay
CHABLIS : chardonnay
SAINT-VÉRAN : chardonnay
MÂCON : chardonnay
MERCUREY : chardonnay
GIVRY : chardonnay

Rouges de Bourgogne

MARSANNAY : pinot noir
GEVREY-CHAMBERTIN : pinot noir
CHAMBOLLE-MUSIGNY : pinot noir
VOSNE-ROMANÉE : pinot noir
NUITS-SAINT-GEORGES : pinot noir
CLOS-VOUGEOT : pinot noir
MOREY-SAINT-DENIS : pinot noir
POMMARD : pinot noir
VOLNAY : pinot noir
BEAUNE : pinot noir
SAVIGNY-LÈS-BEAUNE : pinot noir
MARANGES : pinot noir
SANTENAY : pinot noir
CORTON : pinot noir
MERCUREY : pinot noir
GIVRY : pinot noir
BEAUJOLAIS : gamay

Blancs de la vallée du Rhône

CONDRIEU : viognier
CHÂTEAU-GRILLET : viognier
HERMITAGE BLANC : marsanne et roussanne
SAINT-JOSEPH BLANC : marsanne et roussanne
CROZES-HERMITAGE : marsanne et roussanne
SAINT-PÉRAY : marsanne et roussanne
CHÂTEAUNEUF-DU-PAPE : bourboulenc, grenache, picpoul, roussanne, clairette, picardin

Rouges de la vallée du Rhône

CÔTE-RÔTIE : syrah
HERMITAGE : syrah
CROZES-HERMITAGE : syrah
SAINT-JOSEPH : syrah
CORNAS : syrah
CHÂTEAUNEUF-DU-PAPE : syrah, grenache, mourvèdre, cinsault, counoise, vaccarèse, muscardin, terret noir
GIGONDAS : grenache et syrah

Blancs de Bordeaux

PESSAC-LÉOGNAN : sauvignon, sémillon, muscadelle
ENTRE-DEUX-MERS : sauvignon, sémillon, muscadelle
GRAVES : sauvignon, sémillon, muscadelle
SAUTERNES : sauvignon, sémillon, muscadelle
BARSAC : sauvignon, sémillon, muscadelle

Rouges de Bordeaux

PESSAC-LÉOGNAN : cabernet sauvignon, cabernet franc, merlot, malbec, petit verdot
PAUILLAC : cabernet sauvignon, cabernet franc, merlot, malbec, petit verdot
SAINT-ESTÈPHE : cabernet sauvignon, cabernet franc, merlot, malbec, petit verdot
SAINT-JULIEN : cabernet sauvignon, cabernet franc, merlot, malbec, petit verdot

MARGAUX : cabernet sauvignon, cabernet franc, merlot, malbec, petit verdot
HAUT-MÉDOC : cabernet sauvignon, cabernet franc, merlot, malbec, petit verdot
SAINT-ÉMILION : cabernet sauvignon, cabernet franc, merlot, malbec, petit verdot
POMEROL : cabernet sauvignon, cabernet franc, merlot, malbec, petit verdot

En Provence et en Corse

CÔTES-DE-PROVENCE BLANC : rolle blanche, sauvignon, clairette, bourboulenc, ugni blanc
CÔTES-DE -PROVENCE ROSÉ : grenache, syrah, cinsault, tibouren
BANDOL ROUGE : mourvèdre
BELLET BLANC : rolle blanche
BELLET ROUGE : braquet
PATRIMONIO ROUGE : nielluccio, sciacarello
CALVI BLANC : malvoisie

En Jura

ARBOIS : savagnin et chardonnay
CHÂTEAU-CHALON : savagnin
VIN JAUNE : savagnin

En Savoie

VIN DE SAVOIE BLANC : altesse, apremont, jacquère, roussette, grignet
VIN DE SAVOIE ROUGE : mondeuse, gamay, pinot noir

Sud-Ouest

CAHORS : malbec
MADIRAN : tannat
BERGERAC : cabernet sauvignon, merlot, fer, mérille
IROULÉGUY : cabernet sauvignon, cabernet franc, tannat
MONBAZILLAC : sémillon, sauvignon, muscadelle
JURANÇON : petit manseng, gros manseng
GAILLAC BLANC : mauzac, len de l'el, sauvignon, muscadelle
GAILLAC ROUGE : duras, braucol, syrah, gamay

LE MILLÉSIME

Le millésime, voilà le troisième larron. Là encore, il faut savoir ce que cela recouvre. Il ne suffit pas qu'il ait fait très beau en juillet et en août pour que la vendange soit magnifique et le vin sublime. Il faut au contraire que tout au long de l'année, les différentes phases météorologiques – gel, pluie, soleil, vent – se soient succédé avec régularité, franchise, mais sans brutalité ni désordre. Ce qui fait un grand vin, c'est son équilibre. Or cet équilibre commence de se construire dans la vigne dès le mois de janvier, et il est sans cesse menacé jusqu'à la vendange : trop d'eau et des maladies s'installent, trop de soleil et la vigne souffre, trop de l'un et de l'autre et c'est alors le rendement qui devient excessif au détriment de la concentration.

1919

8 HL
ROUGE
2008

EN CHAMPAGNE
2010 bien
2009 très bien
2008 bien
2007 assez bien
2006 excellente
2005 bien
2004 bien
2003 bien
2002 excellente
2001 moyenne
2000 bien

EN BOURGOGNE (ROUGES)
2010 très bien
2009 excellente
2008 moyenne
2007 assez bien
2006 assez bien
2005 excellente
2004 moyenne
2003 assez bien
2002 excellente
2001 assez bien
2000 bien

EN BOURGOGNE (BLANCS)
2010 bien
2009 très bien
2008 assez bien
2007 assez bien
2006 excellente
2005 bien
2004 bien
2003 bien
2002 excellente
2001 moyenne
2000 bien

À BORDEAUX
2010 excellente
2009 excellente
2008 bien
2007 moyenne
2006 assez bien
2005 excellente
2004 assez bien
2003 assez bien
2002 excellente
2001 très bien
2000 très bien

EN VALLÉE DU RHÔNE
2010 excellente
2009 excellente
2008 moyenne
2007 excellente
2006 très bien
2005 bien
2004 assez bien
2003 assez bien
2002 moyenne
2001 excellente
2000 bien

EN VALLÉE DE LA LOIRE
2010 excellente
2009 excellente
2008 moyenne
2007 bien
2006 très bien
2005 bien
2004 bien
2003 assez bien
2002 bien
2001 bien
2000 bien

EN ALSACE
2010 très bien
2009 excellente
2008 assez bien
2007 bien
2006 excellente
2005 très bien
2004 bien
2003 assez bien
2002 excellente
2001 très bien
2000 assez bien

ACHETER SON VIN

Il y a de multiples manières d'acheter son vin : aux foires de septembre de la grande distribution, directement chez le vigneron, chez un caviste de confiance, par correspondance ou sur Internet. Faut-il se fier aux médailles ? Rien n'est moins sûr : trop d'entre elles récompensent un peu tout et n'importe qui.

Les foires aux vins

Créées il y a une trentaine d'années par la grande distribution, elles sont devenues un rendez-vous traditionnel juste après la rentrée des classes. Tout le monde s'y est mis, y compris les cavistes traditionnels et désormais les sites Internet. Pour l'occasion, les revues spécialisées et même les magazines généralistes publient des dossiers spéciaux, fondés sur des dégustations préalables qui ont occupé les chroniqueurs une grande partie du mois de juin. Mais il ne faut point s'y tromper : les limiers de l'enseigne sont en chasse toute l'année à Bordeaux, à Beaune et à Châteauneuf-du-Pape, pour dénicher les meilleures affaires au meilleur prix et rafler les surplus quand il y en a. Il faut savoir que les bordeaux se taillent invariablement la part du lion en occupant les trois quarts des rayons.

DE BEAUCASTEL

Les offres sont généralement réparties en plusieurs catalogues : le premier, national, rassemble les références disponibles dans tous les magasins du pays, ce qui nécessite des quantités de bouteilles très importantes que beaucoup de petits propriétaires sont incapables de fournir. En outre, la demande fluctue selon les régions, avec une nette préférence pour les productions locales. Des catalogues régionaux sont donc venus s'ajouter au catalogue national, multipliant ainsi le nombre des étiquettes proposées.

De son côté, il incombe à l'acheteur de préparer à l'avance son opération. D'abord en étudiant très soigneusement les catalogues des différentes enseignes et les magazines spécialisés, quitte à approfondir sur Internet ses connaissances sur tel domaine. Ensuite, à défaut d'être invité à la soirée inaugurale qui rassemble généralement les meilleurs clients la veille de l'ouverture de la foire, il importera d'être là le lendemain dès la première heure. Car bien entendu les meilleures affaires, celles que tout le monde veut, sont épuisées dès le premier jour.

On peut aussi adopter la démarche inverse, et guetter dans les mêmes catalogues et les mêmes magazines des étiquettes moins réputées, mais qui justement sont moins coûteuses parce qu'elles ont peu de notoriété. On peut alors en acheter plusieurs, différentes évidemment, les déguster entre amis, puis revenir en faire provision une fois le choix arrêté.

L'achat au domaine

Mettre un visage sur une bouteille, écouter le vigneron raconter son vin et narrer le millésime, puis déguster cuvée après cuvée (mais toujours avec modération)... Aux premiers jours des vacances, on peut ainsi faire provision pour le mois qui s'annonce ; et si on a aimé, on repassera au domaine sur le chemin du retour afin de remplir le coffre pour l'hiver. Ou mieux encore, on s'y arrêtera pour passer commande et on fera livrer un peu plus tard, entre novembre et avril : le vin n'aime pas voyager quand il fait chaud (pour les foires aux vins, il est livré en containers climatisés). En outre, en se groupant à plusieurs afin d'atteindre un certain seuil, on pourra très probablement obtenir que le vin soit livré « franco de port » (le producteur prend alors à sa charge les frais de transport et de livraison).

L'achat chez le caviste

C'est presque toujours un achat de dernière minute. À juste titre d'ailleurs, car un caviste compétent pourra conseiller utilement en fonction des préférences du client ou du menu envisagé. Il est souvent spécialisé dans telle ou telle région dont il fait découvrir les producteurs méconnus qu'il va régulièrement dénicher dans le vignoble. Deux inconvénients cependant : des tarifs forcément plus élevés (c'est le prix d'un conseil éclairé), et une offre forcément limitée à l'espace de la boutique.

L'achat sur Internet

Le gros avantage d'Internet, c'est que le système permet une comparaison immédiate des prix à partir d'un grand nombre de sources. Cependant, si les années ont peu à peu décanté la fameuse « bulle Internet », il importe de choisir très soigneusement le site auprès duquel on va passer commande. Et notamment de vérifier qu'il a bien en stock les bouteilles qu'il propose au moment où il les propose. Trois sites peuvent être recommandés : ceux de Millésima, négociant bordelais depuis longtemps spécialisé dans la vente par correspondance (www.millesima.fr) ; Lavinia, caviste parisien qui propose notamment beaucoup de vins étrangers (www.lavinia.fr) ; et ventealapropriete.com, dont les sélections sont effectuées par Olivier Poussier, couronné meilleur sommelier du monde en l'an 2000.

Le prix ne doit jamais être l'argument décisif du choix : mieux vaut se fixer un budget global qui permettra de jouer avec les différentes propositions.

LES IDÉES REÇUES

- Un bordeaux peut se garder 20 ans au moins : FAUX. Les plus grands d'entre eux, rouges surtout, peuvent certes dépasser très largement cette durée, mais on ne peut absolument pas généraliser. Un bordeaux générique ou un bordeaux supérieur doivent être dégustés dans les trois ans : leur terroir les destine à cela et ils sont vinifiés en conséquence. En outre, le millésime lui-même a une énorme importance pour le délai de garde du vin.
- On peut prévoir précisément la garde d'un vin : FAUX. C'est un jeu très aléatoire, et donc très dangereux, réservé seulement à une élite de spécialistes dans le monde qui goûtent chaque année plusieurs milliers de bouteilles, et possèdent une mémoire sensorielle impressionnante. Certes, certaines caractéristiques du vin – son taux d'acidité notamment – permettent de lui prédire une carrière plus ou moins longue, mais tant d'événements peuvent ensuite influencer le cours de sa vie que toute prévision exacte devient très incertaine, et doit être vérifiée et corrigée périodiquement.
- On peut reconnaître à l'aveugle le cru et le millésime : VRAI. Mais ceux qui en sont capables ne sont qu'une poignée de professionnels virtuoses dans le monde, sachant tout sur tous les vignobles de la planète, y compris leurs cursus climatiques successifs depuis 20 ans au moins. Un vigneron du Médoc confronté au même exercice distinguera à peu près sûrement entre un château de Saint-Estèphe et un autre de Pauillac, plus difficilement entre un cru de Chambolle-Musigny et un autre de Vosne-Romanée. Mais il confondra très probablement un riesling d'Allemagne et un autre d'Alsace, et à peu près sûrement les vins de Californie et de Nouvelle-Zélande. En revanche, il y a là un excellent moyen de piéger un fâcheux prétentieux : carafez vos vins, dissimulez soigneusement les bouteilles, mais laissez traîner bien en évidence dans la cuisine celles d'un dîner précédent. Imparable !

- Les fromages appellent forcément un vin rouge : FAUX. Bien au contraire, leur gras et leur richesse en saveurs douces exigent une réelle acidité, donc des vins blancs. L'extravagance de l'accord se construira alors sur l'intensité et non sur la complexité. Exceptions à ce principe : le saint-nectaire, la tomme de brebis, et surtout le reblochon : plutôt gras et d'une bonne persistance, celui-là s'accommodera bien d'un bourgogne ou d'un côtes-du-rhône un peu mûr qui arrondira sa relative amertume. Quant au camembert, le plus tricolore des fromages, offrez-lui un cidre bien choisi, vos papilles vous remercieront au centuple.
- Mettre des glaçons dans le champagne est une faute de goût : FAUX. La vraie faute de goût consiste à servir un champagne trop chaud : au-delà de 12° de température, même une grande cuvée millésimée devient imbuvable. L'idéal serait bien évidemment de rafraîchir la bouteille elle-même, mais la chose est impossible une fois la flûte remplie. Un glaçon sera dès lors un moindre mal.
- On fait du blanc avec des raisins blancs et du rouge avec des raisins rouges : FAUX. Les agents colorants du vin – les anthocyanes – sont contenus dans les peaux du raisin. Si on laisse macérer le jus avec les peaux, on obtiendra du vin rouge, si on sépare celles-ci dès la sortie du pressoir, on obtiendra du vin blanc, y compris à partir de raisins rouges. Mais les peaux et les pépins contiennent aussi les fameux tanins : voilà pourquoi les vins blancs n'en comportent pas.
- On fait du rosé en mélangeant du blanc et du rouge : FAUX. Cette méthode (« rosé d'assemblage ») n'est autorisée qu'en Champagne parce que la coutume était antérieure à la réglementation. Dans tout le reste du vignoble français, on ne peut élaborer du rosé que de deux manières : soit en séparant les peaux du jus sitôt atteinte la couleur désirée (sachant que celle-ci évoluera ensuite avec le temps), ce sera alors un « rosé de presse » ; soit, une fois arrivé à la teinte souhaitée, en soutirant une partie de la cuve pour obtenir un « rosé de saignée », et en laissant le reste évoluer vers un vin rouge ; l'inconvénient de cette façon de procéder est que l'un et l'autre seront toujours des vins de compromis. Les Provençaux sont aujourd'hui virtuoses dans l'art d'élaborer d'excellents rosés, et cela n'est pas rien : tous les professionnels s'accordent à affirmer que, des trois couleurs, le rosé est la plus difficile à maîtriser techniquement.

- Les vins blancs vieillissent moins que les rouges : VRAI. Seuls les blancs contenant des sucres résiduels (liquoreux de Sauternes, moelleux de Pacherenc ou de Vouvray...), peuvent attendre plusieurs dizaines d'années, protégés par le sucre et l'alcool. En revanche pour les rouges, les tanins – s'ils sont nobles – ont besoin de se fondre lentement et doivent donc attendre plus longtemps pour porter le vin à son apogée.
- Le vin blanc favorise la migraine et l'insomnie : FAUX. Cette réputation provient de vins mal élaborés – blancs, rouges ou rosés – dont il a fallu redresser le déséquilibre avec des quantités excessives d'anhydride sulfureux (So2), utilisé souvent pour clarifier et éviter l'oxydation, mais qui a pour effet secondaire de provoquer des maux de tête. Mais en l'état actuel de la science œnologique, rien ne permet de dire que la couleur du vin différencie des crus plus ou moins faciles à digérer. En revanche, ce qu'on sait depuis longtemps, c'est que la quantité ingérée a là-dessus une incidence déterminante. Et que les soirées les plus arrosées font rarement les nuits les plus sereines...
- Les vins d'Alsace sont tous sucrés : FAUX. La plupart des vins d'Alsace sont secs, à l'exception des vendanges tardives (VT) et des sélections de grains nobles (SGN), qui sont des vins moelleux. Même le gewurztraminer, cépage particulièrement riche en sucres, est de plus en plus souvent vinifié en sec.
- Les bourgognes sont des vins lourds et peu digestes : FAUX. Les pinots noirs en Bourgogne donnent des vins subtils, élégants et fragiles. Faits d'un seul cépage (pinot noir pour les rouges, chardonnay pour les blancs), ils sont en revanche moins portés à la garde que les bordeaux (vins d'assemblage), du moins pour les rouges.
- Avec du gibier, il ne faut que des rouges bourguignons : FAUX. Il vaut mieux des vins plus puissants par la structure en alcool, comme ceux de la vallée du Rhône.
- Il faut servir les vins du plus léger au plus puissant, du plus jeune au plus ancien : VRAI. Mais la règle doit être assouplie pour les vieux millésimes, dont certains résistent mieux que d'autres aux effets du temps. Dans ce cas le plus léger, même s'il est plus mature, passera avant le plus musclé, même plus jeune.

- Un vin rouge et léger sera idéal pour tout le repas : FAUX. Il sera au contraire très inégal, et mieux vaut choisir un vin pour chaque plat, le service au verre – de plus en plus fréquent dans les restaurants – est fait pour cela. Un seul vin pourra éventuellement faire l'affaire si l'entrée et le plat ont des saveurs proches, par exemple des raviolis aux cèpes suivis d'une volaille aux marrons. En revanche, il faudra trouver un autre vin pour le fromage et le dessert. Reste la solution – ni stupide ni classique – de choisir d'abord un vin que l'on souhaite faire découvrir, et ensuite seulement d'établir le menu avec des plats qui se marieront avec ce vin.
- Il ne faut jamais rafraîchir un vin rouge : FAUX. Si nécessaire, on amènera la bouteille très progressivement à la température idéale de 16° avant de l'ouvrir, surtout si le thermomètre ambiant affiche beaucoup plus. En revanche une chose est certaine : mieux vaut servir un rouge trop frais – il gagnera rapidement quelques degrés dans le verre – que trop chaud. Il serait alors imbuvable.
- Les portos et tous les vins mutés sont des vins d'apéritif : FAUX. Les servir ainsi est même une hérésie : puissants, complexes, ce sont des vins de fin de repas à présenter avec un fromage bleu ou un dessert au chocolat, ou même d'après-repas. Ils gagneront presque toujours à être carafés deux heures à l'avance. À savoir quand même : premiers consommateurs de portos dans le monde, les Français n'en connaissent que les bouteilles les moins estimables, les Anglais – grands connaisseurs – s'arrogeant souvent le meilleur de la production. Conclure un repas avec un Ramos Pinto, un Fonseca ou un Taylor's servis avec un roquefort ou un vieux stilton relève pourtant de l'apothéose.

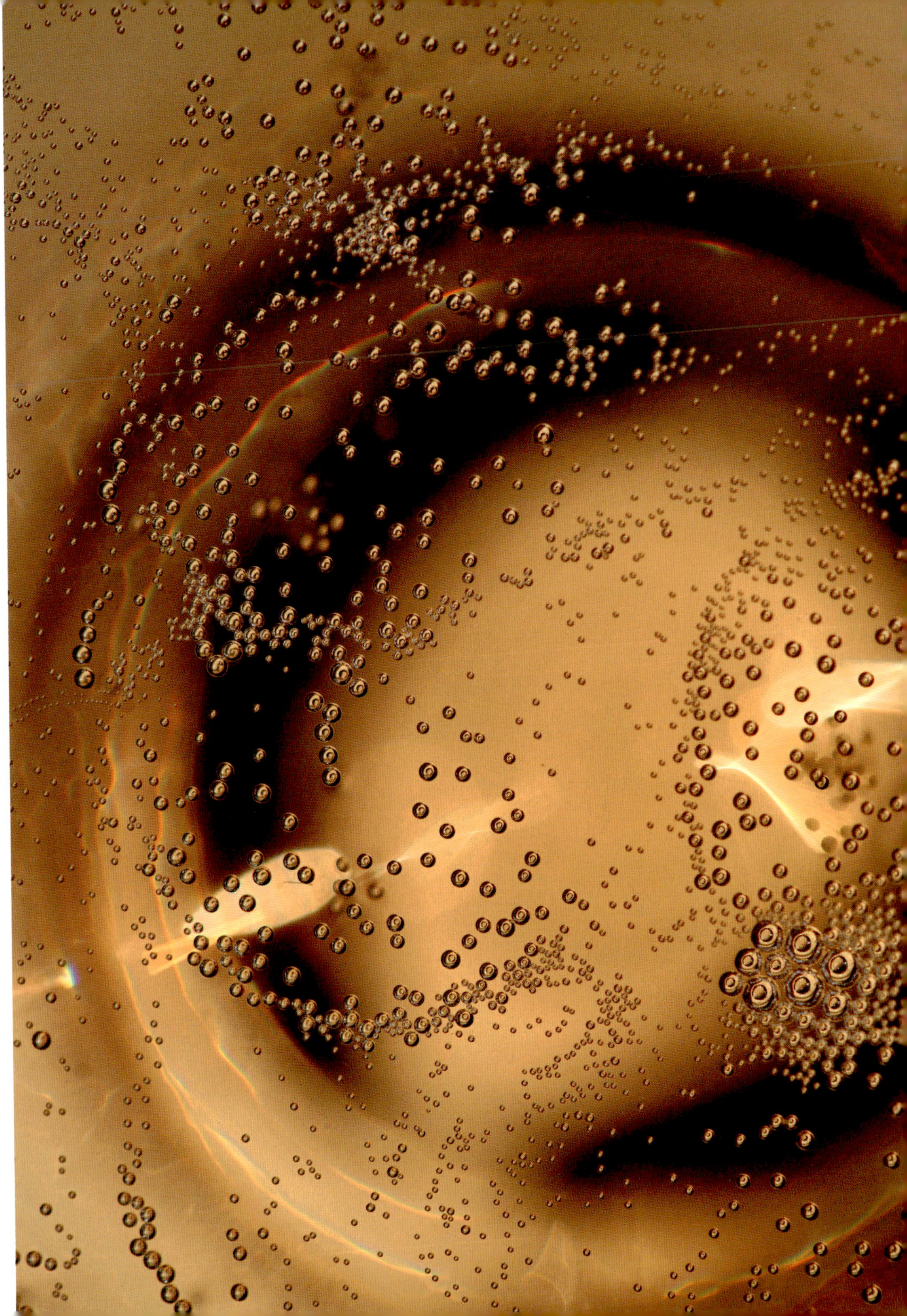

LES ERREURS À ÉVITER

- Rafraîchir une bouteille au congélateur : le choc thermique sera brutal pour le vin qui en souffrira forcément. Cependant, mieux vaut une bouteille ainsi traitée que servie à la température ambiante de 30°. La solution : conserver toujours dans le bas du réfrigérateur une ou deux bouteilles de champagne, de vin blanc ou de vin rosé à ouvrir de manière impromptue.
- Négliger la température des verres : sur une terrasse provençale en plein cœur de l'été, la température avoisine encore les 25° à 21 heures. Si la table a été dressée avant le coucher du soleil, il y a fort à parier que les verres seront encore chauds. La solution : les conserver au même endroit que le vin, ou dans un seau d'eau rafraîchie, avant une mise en place au dernier moment. Et on pourra même les rafraîchir au cours du repas.
- Essuyer les verres avec le torchon à vaisselle : le risque est grand qu'il laisse des odeurs de lessive, voire des goûts désagréables. On choisira donc un torchon dévolu uniquement à cet usage, aussi usé que possible. Et les verres nettoyés à la main, à l'eau chaude et sans aucun détergent, seront aussitôt essuyés, leur température facilitant alors l'opération.
- Négliger de sentir les verres avant de les poser sur la table : sortis d'un placard, ils auront probablement un parfum de « renfermé » ; tirés d'un carton, ils auront presque sûrement l'odeur de celui-ci. Quant aux râteliers qui permettent de les ranger tête vers le bas, ils ne conviennent qu'à des espaces ouverts, mais doivent affronter alors des risques de salissures d'un autre genre. La solution : sortir les verres à l'avance de manière à avoir le temps de les laver à nouveau si nécessaire.

- Choisir des verres colorés ou gravés (sauf à devoir faire honneur à la tante Agathe qui les a offerts) : ils gênent grandement le plaisir de l'œil, premier stade de la dégustation. Si les professionnels dégustent parfois dans des verres noirs, c'est justement pour ne pas se laisser influencer par des reflets un peu trop flatteurs, et se concentrer uniquement sur les arômes et les saveurs. En outre, ils savent ce qu'ils dégustent, et ne jouent pas à colin-maillard.
- Se tromper de carafe. Il y a deux raisons de « carafer » un vin : soit il est jeune et une bonne aération l'aidera à s'exprimer ; soit il est vieux et il faut alors le débarrasser des dépôts naturels accumulés, mais sans le brusquer ni l'oxygéner trop brutalement. Dans le premier cas, la carafe sera basse et très large pour que la surface d'échange avec l'air ambiant soit maximale, et on procédera à l'opération environ 2 heures avant de passer à table. Dans le second cas au contraire, la carafe sera haute et peu pansue, et surtout dotée d'un bouchon ; on décantera alors le plus tard possible, en prenant soin de reboucher immédiatement le flacon.
- Faire sauter un bouchon de champagne : c'est peut-être une tradition de fête sur les podiums de F1 mais, outre que cela engendre un joli gâchis lorsque le vin est bon, le geste manque singulièrement d'élégance, et peut être réellement dangereux pour l'entourage. La bonne méthode consiste à incliner la bouteille à 45° puis, en maintenant fermement le bouchon entre deux doigts, à faire tourner lentement de l'autre main le cul de la bouteille, toujours dans le même sens : alterner la rotation pourrait augmenter le bruit né de l'explosion.
- Conserver ses bouteilles dans les caisses d'origine (sauf à prévoir de les revendre ensuite aux enchères) : il n'y a pas plus pratique pour les cambrioleurs qui pullulent avant les fêtes. Quant aux cartons, qui moisissent à la première humidité, ils sont peut-être encore plus redoutables.
- Ranger les eaux-de-vie couchées, comme le vin. La force de l'alcool (40° au moins, davantage pour certains rhums et whiskies Single Cask) dégradera rapidement le liège du bouchon qui dès lors ne remplira plus son office. Mieux vaut les conserver debout, y compris lorsque le flacon est doté d'une capsule vissée : cela évitera au moins les coulures.

- Confondre deux domaines portant le même nom : il existe dans le seul département de la Gironde vingt-sept « Château Bel-Air » et vingt-neuf « Château Bel-Air Quelque Chose », du plus simple au grand cru classé, et bien entendu à tous les prix. La raison en est simple : le nom du domaine était formé autrefois de celui du lieu-dit, auquel on associait parfois celui du propriétaire. Ainsi à Saint-Julien, dans le Médoc, il y a côte à côte trois châteaux Léoville : Las Cases, Barton et Poyferré. On pourrait multiplier les exemples : Rauzan-Ségla et Rauzan-Gassies à Margaux ; Pavie, Pavie-Macquin et Pavie-Decesse à Saint-Émilion ; et, toujours à Saint-Émilion, Château Canon, Château La Gaffelière, et Château Canon La Gaffelière !
- Ouvrir immédiatement les bouteilles qu'on vient de recevoir. Si l'un de vos invités vous apporte précautionneusement l'un des fleurons de sa cave, c'est probablement pour le partager. Et s'il s'agit d'un connaisseur, la bouteille aura presque sûrement été transportée avec tous les égards qu'elle mérite : une heure de repos lui suffira probablement pour retrouver toute sa sérénité (dans le cas d'un champagne sans année, on pourra même le boire immédiatement si la bouteille est déjà à bonne température). En revanche, s'il s'agit d'une commande qu'on vient de recevoir, mieux vaut laisser le vin « retrouver ses esprits » pendant quatre semaines environ : il s'agit d'une matière vivante qui aura probablement voyagé plusieurs jours avec des variations de température, des secousses incessantes, des manipulations pas toujours méticuleuses… Bref, un traitement dont nous-mêmes sortirions épuisés…

CARNET D'ADRESSES

JOURNAUX – MAGAZINES

- Le Figaro : une page « La vie du vin » chaque jeudi, et des dossiers thématiques tout au long de l'année.
- Le Figaro Magazine : une rubrique chaque samedi et des dossiers thématiques tout au long de l'année.
- La Revue du vin de France (mensuel)
- Cuisine et Vins de France (mensuel)
- GaultMillau Magazine (mensuel)

SITES INTERNET

- L'Avis du Vin : le site du Figaro est un site d'information qui suit toute l'actualité du vin, propose des milliers de dégustations commentées par Bernard Burtschy, membre du Grand Jury Européen, et s'intéresse également aux eaux-de-vie et spiritueux du monde entier.
- ventealapropriete.com : le plus important site marchand français ; il organise chaque semaine des « ventes privées » limitées dans le temps (une dizaine de jours). Points forts : les prix, la fiabilité, la rapidité de livraison.
- Millésima : l'un des plus importants négociants bordelais s'est bâti une vitrine mondiale sur le Net. Points forts : le catalogue des grands crus bordelais, celui des primeurs.

CAVES

- Eurocave : www.eurocave.fr
- Climadiff : www.climadiff.com
- Transtherm : www.transtherm.com
- La Sommelière : www.lasommeliere.com
- Hélicave Harnois : www.helicave.com (cave bâtie autour d'un puits desservi par un escalier central)

VERRES ET CARAFES

- Riedel : www.riedel.com
- Spiegelau : www.spiegelau.com
- Schott Zwiesel : www.zwieselkristallglas-shop.com
- Cristal d'Arques : www.cristaldarquesparis.com

STOCKHOLM

GLOSSAIRE

ACIDITÉ :
Venue du raisin, elle ne se mesure dans le vin qu'à l'analyse. Mais c'est une qualité et non un défaut : antioxydante, elle favorise l'épanouissement du vin au fil du temps, et se traduit en bouche par de la vivacité et de la fraîcheur. À noter : les blancs issus de raisins blancs sont par nature plus acides que les autres vins, surtout s'ils ont été produits en climats froids.

ALCOOL :
Ce sont les sucres, présents dans tous les végétaux, qui se transforment en alcool au cours de la fermentation. Lorsque tous n'ont pas été totalement transformés (vins doux ou moelleux), on appelle « sucres résiduels » ceux qui sont restés à leur état initial.

AOC :
« Appellation d'Origine Contrôlée ». Ce canevas législatif créé en France en 1935 pour protéger les vins de qualité, délimite très précisément les contours d'une appellation à partir de la nature du sol, de celle du sous-sol et des caractéristiques climatiques. En outre, il fixe par décret le savoir-faire hérité à travers les âges : cépages et rendements autorisés, méthodes culturales, traditions de vinification et d'élevage... S'il viole une seule des règles ainsi édictées, même pour faire mieux, le vigneron verra sa production déclassée en « Vin de pays ». À noter : l'Europe a intégré les AOC françaises dans sa nouvelle réglementation des AOP (Appellation d'Origine Protégée).

ARÔMES :
Ce sont les parfums qui sont perçus par les papilles nasales, tandis que les saveurs – les goûts – sont perçues par les papilles labiales, celles de la langue. On peut évidemment se contenter des secondes, et n'être attentif qu'à la sensation en bouche. Mais, surtout dans le cas d'un beau vin, se priver des premières serait un vrai gâchis. Les arômes sont presque toujours caractéristiques d'un cépage : la banane pour le gamay du beaujolais, la brioche pour le chardonnay du champagne, la framboise pour le pinot noir des bourgognes rouges, le cassis pour le merlot des bordeaux, le coing pour le chenin de Loire, l'olive noire pour la syrah dans la vallée du Rhône septentrionale, le pamplemousse pour le riesling en Alsace...

ASSEMBLAGE :
C'est l'art d'associer des vins issus de parcelles différentes, de cépages différents, voire de millésimes différents (en Champagne notamment).

ASTRINGENCE :
Les muqueuses de la bouche se contractent et se dessèchent sous l'action de certains tanins que l'on dit alors « astringents ». On perçoit l'astringence en frottant la langue contre le palais.

BARRIQUE :
Toujours faite de chêne, elle peut être bordelaise (225 L. soit exactement 300 bouteilles de 75 cl.), ou bourguignonne (228 L.), avec de légères différences de formes. Totalement étanches aux liquides, elles ne le sont pas à l'air, et des échanges s'établissent en permanence avec l'atmosphère ambiante à travers les jointures des douelles.

BIB :
Bag In Box, ou plus couramment « fontaine à vin ». Cette poche de plastique très mince et très souple, protégée par du carton fort, est remplie sous vide, et se recroqueville sur elle-même au fur et à mesure que son contenu diminue. On évite ainsi toute entrée d'air, et donc l'oxydation du vin restant. Protège le contenu jusqu'à un mois après ouverture. Il en existe de différentes capacités (3, 5 ou 10 L.). Version très perfectionnée du Cubitainer d'autrefois, au plastique trop épais et trop rigide.

BIO :
Jusqu'au début de 2012, ce label ne visait qu'à garantir que la vigne était cultivée sans aucun produit chimique de synthèse jusqu'à la vendange, et on ne parlait alors que de « vins issus de l'agriculture bio ». La notion de « vin bio » vient d'être admise par la communauté européenne au prix de quelques contraintes au moment de la vinification (réduction des quantités de soufre notamment).

BIODYNAMIE :
Ensemble de méthodes de culture de la vigne, d'élaboration et d'élevage des vins en fonction des cycles et des phénomènes naturels. Cette théorie vise à respecter au maximum la nature sans utiliser par exemple des engrais ou des pesticides, et en encourageant au contraire la pratique de méthodes de culture naturelles.

BOUCHONNÉ :
Se dit d'un vin qui a un goût de bouchon. La cause de celui-ci, c'est une molécule bien connue (le TCA), indécelable au moment du bouchage, mais capable de rendre imbuvable une bouteille en moins d'une journée. On ne confondra pas avec les traces d'un boisé excessif, qui disparaissent lorsqu'on aère le vin en le faisant tourner dans le verre. À savoir : un vin bouchonné peut être utilisé pour élaborer une sauce, la cuisson éliminant le défaut.

BOUQUET :
C'est l'ensemble des arômes – simultanés ou successifs - qu'on perçoit en plaçant le nez dans le verre. Pour un amateur éclairé, c'est le moment le plus magique de la dégustation, car tous ces parfums combinés racontent l'origine et l'histoire du cru. Si on ne sent rien, c'est peut-être que le vin n'a rien à dire ou, dans le cas d'un grand cru, qu'il est en phase de sommeil. On parle alors de « nez fermé ».

CARAFER :
Il s'agit de transvaser le vin dans une carafe, soit pour l'aérer s'il est jeune, soit pour le décanter s'il est vieux et chargé de dépôts.

CÉPAGE :
C'est la variété de la vigne, toujours adaptée au sol et au climat. En AOC, le décret d'appellation définit les cépages autorisés, et fixe éventuellement leurs proportions minimales dans l'assemblage final.

CLIMAT :
Au-delà d'un cursus météorologique, ce mot désigne en Bourgogne un lieu-dit cadastré, caractérisé par son microclimat et la nature de son sol.

COULEUR :
Les agents colorants du vin, les anthocyanes, sont contenus dans les peaux du raisin : le vin sera rouge ou blanc selon qu'on le laisse ou pas macérer avec ces peaux. Et sera rosé si on retire les peaux une fois atteinte la couleur souhaitée. À savoir : ces anthocyanes sont très sensibles à l'oxydation ; ainsi un vin très jeune a des reflets violacés qui évoluent avec le temps vers des teintes tuilées.

DÉGUSTATION :
L'art d'analyser les sensations procurées par le vin pour y lire son histoire, d'abord à l'œil, ensuite au nez, et enfin en bouche. Si la dégustation est « comparative » (plusieurs bouteilles dégustées simultanément), elle est dite « verticale » quand elle rassemble des millésimes différents d'un même domaine, du plus jeune au plus vieux, ou « horizontale » lorsqu'elle fait se confronter plusieurs domaines sur le même millésime.

DÉSALTÉRANT :
Se dit d'un vin de caractère frais qui étanche la soif.

EAU :
Elle représente 85 à 90% du vin.

EFFERVESCENCE :
Caractéristique des vins « à bulles » par opposition aux vins « tranquilles ». La finesse des bulles, leur quantité et la persistance de leur naissance sont des critères de qualité.

ÉLEVAGE :
C'est la période de repos du vin après vinification et assemblage. Elle peut aller de quelques mois en cuve inox dans le cas d'un rosé à boire l'été qui suit la vendange, jusqu'à dix-huit ou vingt mois en barrique, voire davantage dans un foudre (très grosse barrique) pour un vin de longue garde. Le temps que le vin passe en bouteille avant commercialisation (et/ou débouchage) fait partie de l'élevage.

FERMENTATION :
La phase au cours de laquelle, sous l'action des levures (éventuellement ajoutées), les sucres contenus dans le moût se transforment en alcool. Cette réaction dégage de la chaleur : en régulant la température des cuves, on parvient aujourd'hui à maîtriser et à contrôler précisément l'opération.

FRAÎCHEUR :
Rien à voir évidemment avec la température. Il s'agit ici d'une sensation créée, au nez comme en bouche, par un vin jeune doté d'une acidité élevée et bien équilibrée.

GARDE :
C'est l'aptitude d'un vin à se bonifier avec le temps. Seuls les grands crus en sont capables dans les grands millésimes. En revanche, les prévisions de garde sont toujours extrêmement hasardeuses.

GRAS :
C'est la sensation glycérique provoquée par un vin rond, sans aspérités.

LONGUEUR :
Persistance aromatique en bouche après que la gorgée a été avalée.

MINÉRALITÉ :
Surtout présente dans les vins blancs, elle reflète un caractère particulier du sol ou du sous-sol. Le « goût de pétrole » est caractéristique des rieslings d'Alsace, celui de « pierre à fusil » indique un sol riche en silex et autres minéraux.

MOÛT :
C'est le jus qui s'écoule du pressoir dans lequel on a placé les raisins frais.

MUTAGE :
On interrompt la fermentation du moût en ajoutant de l'alcool de vin, ce qui a pour effet d'inhiber les levures. On obtient ainsi des vins mutés comme le porto, les muscats de Rivesaltes et de Maury.

OXYDATION :
L'action de l'oxygène sur le vin. Bien contrôlée, elle fait partie de l'élevage normal. Excessive, elle peut altérer le vin et même provoquer sa mort.

OXYGÉNATION :
Action de dissoudre l'oxygène ambiant dans le vin, par exemple en faisant tourner celui-ci dans le verre ou en le carafant préalablement.

PHYLLOXÉRA :
C'est un puceron importé involontairement des États-Unis qui a décimé tous les vignobles européens à partir de 1864 (premières attaques dans le Gard). Les vignes américaines y étaient insensibles : on les a donc greffées sur les cépages locaux.

PRIMEUR et PRIMEURS :
Il faut distinguer ici entre « vins primeurs » et vins « vendus en primeur ». Dans le premier cas, dont le symbole reste le beaujolais, on recherche d'abord le fruité et la fraîcheur, et la vinification est adaptée pour que le vin puisse être consommé dès la mi-novembre et dans les six mois qui suivent. Dans le second cas, il s'agit d'un mode de commercialisation inventé par les Bordelais : les vins de la dernière vendange sont proposés dès le mois de juin avec un rabais de 20 à 30% sur le prix final, mais continuent d'être élevés au domaine pendant dix-huit mois environ. À savoir : on paie à la commande le prix hors taxes, et on acquitte à la livraison la TVA, toujours susceptible d'avoir évolué entre-temps.

RAFLE :
C'est cette sorte de squelette ligneux qui, né du sarment, porte les grains de raisin. Selon la méthode de vinification choisie, on « érafle » la vendange, ou bien au contraire on laisse macérer avec les rafles, au risque parfois d'introduire une certaine astringence, surtout si celles-ci subissent un écrasement.

RÉDUCTION :
Le contraire de l'oxydation. Caractérise un vin qui a manqué d'oxygène, généralement conservé trop longtemps dans une bouteille trop hermétique.

RONDEUR :
Qualifie un vin sans aspérité en bouche, qui apporte une sensation de plénitude et de densité.

SAVEURS :
Elles sont les composantes du goût final. On en distingue quatre principales : le sucré, le salé, l'acide et l'amer. Viennent ensuite le fumé et l'iode.

SECOND VIN :
Les meilleurs raisins des meilleures parcelles étant consacrés à l'élaboration du « premier vin » dont on veut la qualité irréprochable, une grosse partie du reste de la vendange passe dans le « second vin », vendu généralement moitié moins cher, et dont l'étiquette en appelle souvent à son aîné. La dernière partie sert à confectionner un « troisième vin » beaucoup plus anonyme, ou bien est vendue en vrac au négoce. Si cette notion de « second vin » est spécifiquement bordelaise, elle ne diffère guère dans sa démarche des « cuvée quelque chose » qu'on rencontre dans le reste du vignoble.

SÉLECTION DE GRAINS NOBLES :
Présents surtout en Alsace, il s'agit de vins élaborés avec des raisins atteints par la fameuse « pourriture noble » (botrytis cinerea). Asséchant les baies, elle les a vidées de leur eau, ce qui a eu pour effet de concentrer leurs arômes et leurs saveurs. Revers de la médaille, les rendements ainsi obtenus sont dérisoires, ce qui explique le prix de ces vins rares.

SUCRES RÉSIDUELS :
Ce sont les sucres qui n'ont pas été transformés en alcool par la fermentation.

SULFITES :
Il s'agit de traces d'anhydride sulfureux, dont la présence est désormais obligatoirement mentionnée sur l'étiquette. Antioxydant et antiseptique, il est utilisé depuis l'Antiquité pour l'élaboration des vins, et même aujourd'hui la conservation des fruits secs, des pommes de terre séchées ou des cornichons en bocaux ! Bénéfique lorsqu'il est bien utilisé, il peut en revanche susciter certaines intolérances lorsqu'il l'est à fortes doses. D'où l'idée de certains vignerons passionnés de se priver de tout recours au soufre, quitte à produire des vins extrêmement fragiles.

TANINS :
Ce sont les fameux polyphénols chers à Marc Jolivet. Ils sont essentiellement contenus (95%) dans les peaux et les pépins du raisin. Voilà pourquoi les vins blancs n'en contiennent pas ou fort peu.

VENDANGE TARDIVE :
C'est une pratique courante pour obtenir les vins moelleux. Elle consiste à vendanger plus tardivement les raisins quand le climat le permet, ce qui provoquera une plus grande concentration de sucres dans le jus.

VINIFICATION :
C'est l'ensemble des processus qui, succédant à la vendange et précédant l'élevage, consistent à transformer le jus de raisin en vin.

ENRICO BERNARDO

Quelques dates clefs

Meilleur Sommelier du Monde (2004) – à 27 ans, le plus jeune de l'histoire !
Meilleur Sommelier d'Europe (2002)
Meilleur Sommelier d'Italie (1996-1997)
Meilleur Sommelier de Lombardie (1996)
Master of Port Italy (1995)

Créateur

D'un nouveau concept de Wine Restaurant : IL VINO d'Enrico Bernardo
Un restaurant au service du vin : la cuisine, les équipes, la décoration et l'art de la table.
IL VINO d'Enrico Bernardo a obtenu une étoile au Guide Michelin.
Il a également créé l'École d'Enrico Bernardo, proposant différents niveaux de cours de dégustation.
Enrico Bernardo contribue ainsi au développement et à l'évolution de la culture du vin à différents degrés.

Chef d'entreprise

Enrico Bernardo est désormais considéré comme une référence dans le monde de la gastronomie et du vin. Fort de ses différentes expériences dans des établissements de prestige tels que Le Grand Hôtel de Stockholm, la Maison Troisgros à Roanne en France ou le Four Seasons Hotel George V à Paris (Directeur de la Sommellerie et création d'une cave de 60 000 bouteilles et 1 800 références), il a pu développer une activité de conseil : Bernardo Wine Consulting destinée aussi bien aux particuliers qu'aux sociétés.

Auteur

Savoir goûter le vin - aux Éditions Plon (2005)
Mes Vins de Méditerranée - aux Éditions Plon (2007)
Que boire avec ? - aux Éditions Le Figaro (2011)
Savoir marier le vin - aux Éditions Plon (2011)

Designer

Créateur d'une ligne de verres : The First en association avec la Maison Zwiesel 1872
Dessinateur du fameux tire-bouchon – Enrico Bernardo - Château Laguiole
Fondateur de caves à vins : Cave Design d'Enrico Bernardo, destinée aussi bien aux particuliers qu'aux professionnels, offre des conseils pour la création d'une cave de A à Z (optimisation de l'espace, installation technique, sélection de vins, etc.)

Collaborateur

Enrico Bernardo soutient l'ASI, Association de la Sommellerie Internationale et l'ASPI, l'Associazione della Sommellerie Professionale Italiana, avec l'objectif de renforcer le rôle du sommelier, la culture du vin, et d'aider à intégrer les plus jeunes.

il Vino d'ENRICO BERNARDO

Il Vino d'Enrico Bernardo
RESTAURANT
13 Bd de la Tour Maubourg
75007 Paris

Il Vino d'Enrico Bernardo
BOUTIQUE
3, rue Saint Sulpice
75006 Paris

www.enricobernardo.com

ludlow street
DEVELOPMENT UNLIMITED COMMUNICATION

www.ludlow-street.com
I2C- 4 allée du trait d'union 77127 Lieusaint
Crédits photographiques :
© Olivier Roux - www.imageduvin.com
© Shutterstock - www.shutterstock.com
Réalisation : Nicolas Ocante
Dépôt légal 2e trimestre 2012